RÉSIDENCE GÉNÉRALE
DE LA
RÉPUBLIQUE FRANÇAISE AU MAROC

AVENANT

à la Convention des 21 Décembre 1921 et 25 Janvier 1922

POUR LA

Concession d'une Distribution Publique
D'ÉNERGIE ÉLECTRIQUE

DANS LA

VILLE DE SALÉ

ses Faubourgs et Extensions

PARIS
IMPRIMERIE F. FRÈREBEAU
59, Rue de Lyon, 59
1925

AVENANT

à la Convention des 21 Décembre 1921 et 25 Janvier 1922

POUR LA

Concession d'une Distribution Publique
D'ÉNERGIE ÉLECTRIQUE

DANS LA

VILLE DE SALÉ

ses Faubourgs et Extensions

PARIS
IMPRIMERIE F. FRÈREBEAU
59, Rue de Lyon, 59
1925

RÉSIDENCE GÉNÉRALE

DE LA

RÉPUBLIQUE FRANÇAISE AU MAROC

AVENANT

à la Convention des 21 Décembre 1921 et 25 Janvier 1922

POUR LA

Concession d'une Distribution Publique d'Énergie Électrique

DANS LA

VILLE DE SALÉ

ses Faubourgs et Extensions

Entre :

S. Exc. le Pacha, Président de la Municipalité de Salé, agissant au nom et pour le compte de la Ville, sous réserve de l'approbation des présentes par dahir,

d'une part,

Et la Société Marocaine de Distribution d'Eau, de Gaz et d'Électricité (désignée ci-après par les initiales S. M. D.), représentée par son Administrateur Délégué, M. Albert PETSCHE, à ce faire dûment autorisé par délibération du 20 décembre 1921 de ladite Société,

d'autre part,

Il a été exposé ce qui suit :

Par application des dispositions de l'article 23 du cahier des charges, en date des 21 décembre 1921-25 janvier 1922, annexé à la convention de concession en date des mêmes jours, la Société de l'Energie Electrique du Maroc a racheté l'usine de Rabat-Salé qui produit l'énergie distribuée par la S. M. D. dans la ville de Salé ; elle doit désormais fournir à la S. M. D. toute l'énergie qui lui sera nécessaire et cela conformément aux dispositions : d'une part, d'un traité en date du 21 février 1921, intervenu entre elle et la S. M. D. et approuvé le 1er décembre 1921 par la Ville de Salé, et d'autre part, d'un avenant en date du 13 août 1921 à ce traité, ledit avenant approuvé le 31 décembre 1921 par la Ville de Salé.

Dans ces conditions, la Ville et la S. M. D. se sont rapprochées en vue, notamment, d'établir de nouveaux tarifs, le tout conformément aux dispositions du même article 23 du cahier des charges susvisé ; de plus, elles ont profité de la circonstance pour apporter à cette convention certaines modifications reconnues nécessaires.

En définitive, elles ont convenu et accepté d'accord ce qui suit :

ARTICLE PREMIER

Par suite du rachat de l'usine de Rabat-Salé, les parts-actions souscrites par la S. M. D. pour l'Entreprise Electrique Rabat-Salé comprendront :

Trois millions cinq cent mille francs (3.500.000 fr.) de parts-actions actives.

Et un million de francs (1.000.000) de parts-actions de jouissance.

Le montant des parts-actions actives, soit 3.500.000 francs, sera employé :

1° A couvrir la souscription de 85.000 francs de l'Entreprise Electrique Rabat-Salé au capital de l'Energie Electrique du Maroc ;

2° Dans la limite d'un maximum de 500.000 francs à faire face aux approvisionnements et au fonds de roulement ;

3° A couvrir les dépenses de premier établissement proprement dit.

Article 2

Le tarif de base pour l'éclairage et le chauffage privés fixé à l'article 16 du cahier des charges susvisé en date des 21 décembre 1921, 25 janvier 1922, est remplacé par le suivant :

Un franc soixante-quinze centimes (1 fr. 75) le kwh.

Ce tarif de base s'entend pour une situation économique définie :

1º Par le salaire horaire moyen de la distribution « Electricité Rabat-Salé » pendant l'année 1924 ;

2º Par un prix de 170 francs pour la tonne de charbon.

Pour chaque variation de 1% dans le salaire horaire moyen le prix du kwh. éclairage et chauffage privés sera augmenté ou diminué de 0,0025.

Pour chaque franc de variation dans le prix de la tonne de charbon, le prix du kwh. éclairage et chauffage privés sera augmenté ou diminué de 0,0023.

Le tarif à appliquer pour un semestre déterminé sera calculé au début du même semestre, en appliquant les coefficients ci-dessus d'index salaire et d'index charbon et :

1º D'après le salaire horaire moyen de la distribution « Electricité Rabat-Salé » pendant le semestre écoulé, tel que ce salaire aura été arrêté au début du nouveau semestre par la Direction générale des travaux publics ;

2º D'après le prix des charbons reçus par l'Energie Electrique du Maroc pendant le semestre écoulé, tel que ce prix aura été fixé par la Direction générale des travaux publics, en conformité des dispositions de l'article 17 du cahier des charges, en date du 9 mai 1923, de la concession de l'Energie Electrique du Maroc.

En outre, pour permettre l'apurement du compte d'attente de la Ville, il sera appliqué au tarif ainsi déterminé une surtaxe qui sera fixée par la Ville et qui ne pourra être inférieure à vingt-cinq centimes (0,25), étant entendu qu'aucune surtaxe ne pourra être appliquée aux tarifs « Force ».

Les dispositions de l'alinéa précédent ne modifient en rien celles du 6e alinéa de l'article 17 du cahier des charges de la concession, relatives aux versements faits par la Ville pour l'apurement dudit compte d'attente.

Les tarifs haute tension seront débattus entre la S. M. D. et les abonnés, mais ne devront pas dépasser les 4/5 des tarifs en vigueur pour la catégorie basse tension « Force ».

Article 3

L'article 10 de la convention de concession en date des 21 décembre 1921-25 janvier 1922, est modifié comme suit :

Dans la nomenclature des dépenses, introduire l'alinéa 1 *bis* ci-après :

1 *bis*. — L'annuité fixée à l'article 12 de l'avenant du 13 août 1924 au traité du 21 février 1924 intervenu entre l'Energie du Maroc et la S. M. D.

Article 4

L'article 11 de la convention de concession en date des 21 décembre 1921, 25 janvier 1922, est complété comme suit :

La S. M. D. prélèvera sur les bénéfices avant application des dispositions des deux derniers alinéas de l'article 11 de la convention de concession en date des 21 décembre 1921-25 janvier 1922 :

Une prime de deux centimes (0,02) par kwh. vendu pendant l'année, en haute tension, étant entendu que cette prime sera réduite à un centime (0,01) pour les kwh. haute tension fournis aux Administrations.

Article 5

L'article 18 du cahier des charges susvisé en date des 21 décembre 1921-25 janvier 1922, est complété par les dispositions suivantes :

Les nouveaux tarifs seront calculés de manière que, si on les supposait appliqués à la situation de la dernière année écoulée, ils ramèneraient aux chiffres ci-après la moyenne pendant les trois dernières années écoulées, du superdividende tel qu'il est défini ci-après, qui aura été distribué aux participations nominales et aux parts de fondateur :

Pour la partie de cette moyenne inférieure à 4% des participations nominales et des parts de fondateur pendant la dernière année écoulée : 50% de cette partie ;

Pour la partie de cette moyenne comprise entre 4% et 8% des mêmes participations et parts : 40% de cette partie ;

Pour la partie de cette moyenne comprise entre 8% et 12% des mêmes participations et parts : 33% de cette partie ;

Pour la partie de cette moyenne comprise entre 12% et 16% des mêmes participations et parts : 25% de cette partie ;

Pour la partie de cette moyenne comprise entre 16% et 20% des mêmes participations et parts : 18% de cette partie ;

Pour la partie de cette moyenne au-delà de 20% : 10% de cette partie.

Le superdividende dont il est question ci-dessus sera l'excédent au-dessus des 12% net du revenu total attribué aux participations actives.

De toutes façons, les nouveaux tarifs seront calculés en partant d'un revenu total d'au moins 12% net aux participations actives.

Exceptionnellement, la première révision pourra être demandée le 1er janvier 1927, étant entendu que, dans ce cas, la moyenne à considérer pour le superdividende sera celle des années 1925 et 1926 ; de plus, dans ce cas, les nouveaux tarifs qui en résulteront seront appliqués à partir du 1er janvier 1928. La révision suivante pourra être demandée le 1er janvier 1930 ; dans ce cas, la moyenne à considérer pour le superdividende sera celle des années 1927, 1928, 1929, et les nouveaux tarifs qui résulteront de la révision seront appliqués à partir du 1er janvier 1931, et ainsi de suite par périodes de trois ans.

Article 6

Les articles 5, 9, 12 et 14 de la convention de concession.
des 21 décembre 1921-25 janvier 1922, sont modifiés comme
suit :

Article 5. — Paragraphe nouveau. — « Si le compte de
« l'Entreprise Électrique Rabat-Salé chez la S. M. D. devient
« débiteur, l'Entreprise Électrique serait débitée d'un intérêt
« réglé sur le taux de l'escompte de la Banque de France
« augmenté de deux points ; par contre, si le compte de
« l'Entreprise devient créditeur, la S. M. D. créditera celui-ci
« des intérêts que ce solde créditeur aurait effectivement
« produits s'il avait été déposé à vue en banque. »

Article 9. — Le dernier paragraphe est complété par la
phrase suivante :

« De même, après accord entre la Ville et la S. M. D.,
« il pourra être investi dans l'Entreprise, soit à titre provi-
« soire, soit à titre définitif, une partie des sommes mises
« en réserve pour le renouvellement du matériel. »

Article 12. — *a)* Le premier paragraphe est remplacé par
le suivant :

« 1° A l'expiration de la concession, la Ville de Salé
« entrera en possession de toutes les installations figurant
« à la section spéciale du compte de premier établissement
« et du montant de la partie de la section spéciale Salé du
« fonds de renouvellement non investie dans l'Entreprise. »

b) Le troisième paragraphe est remplacé par le suivant :

« 2° Si le montant total des postes figurant au compte
« de premier établissement est inférieur au montant total
« du capital nominal actif ou amorti (participation, plus
« obligations, plus emprunts à consolider) et de la partie
« du fonds de renouvellement investie dans l'Entreprise,
« la différence reviendra gratuitement à la Ville, soit en
« espèces, soit sous forme d'approvisionnements évalués
« au prix d'inventaire. »

Article 14. — La dernière phrase de l'avant-dernier alinéa
est remplacée par la suivante :

« La Ville entrera également en possession de la partie
« de la section spéciale Salé du fonds de renouvellement
« non employée en travaux et d'une partie du fonds de
« roulement déterminée comme il est dit au deuxième alinéa
« du présent article. »

ARTICLE 7

Toutes les autres clauses de la convention de concession
des 21 décembre 1921 et 25 janvier 1922 et du cahier des
charges annexé à ladite convention, auxquelles il n'est pas
explicitement dérogé par les présentes, sont expressément
maintenues en vigueur.

ARTICLE 8

Sous réserve de l'approbation préalable par dahir, le
présent avenant sera applicable à partir de la remise effective
de l'usine de Rabat-Salé à l'Énergie Électrique du Maroc,
c'est-à-dire à partir de l'application effective du traité du
24 février 1924 et de l'avenant du 13 août 1924 visés au préam-
bule des présentes ; la date de cette remise sera fixée par le
Directeur général des travaux publics.

Fait en trois exemplaires à Paris, le 8 avril 1925, et à
Salé, le 27 avril 1925.

Lu et approuvé :
*P. la Société Marocaine de Distribution
d'Eau, de Gaz et d'Électricité,
L'Administrateur Délégué,*
A. PETSCHE.

Lu et approuvé :
Le Pacha de Salé,
MOHAMED SBIHI BEL HAJ EL TAIBI.

Dahir approbatif du 30 Avril 1925 paru au *Bulletin Officiel* du Protec-
torat du 19 Mai 1925.